LOI

DU 12 AOUT 1902

PARUE AU

JOURNAL OFFICIEL DU 14 AOUT 1902

Circulaire du 16 Août 1902

LE MANS

IMPRIMERIE DE L'INSTITUT DE BIBLIOGRAPHIE DE PARIS

12, PLACE DES JACOBINS, 12

—

1902

LOI

DU 12 AOUT 1902

PARUE AU

JOURNAL OFFICIEL DU 14 AOUT 1902

Circulaire du 16 Août 1902

LE MANS

IMPRIMERIE DE L'INSTITUT DE BIBLIOGRAPHIE DE PARIS

12, PLACE DES JACOBINS, 12

—

1902

LOI

portant modification aux Lois des 25 Ventôse an XI et 21 Juin 1843 relatives au Notariat.

Le Sénat et la Chambre des députés ont adopté,
Le Président de la République promulgue la loi dont la teneur suit :

ARTICLE PREMIER

Les articles 5, 9, 11, 31, 32, 33, 36, 37, 38, 39, 40, 41, 42, 43 et 44 de la loi du 25 ventôse an XI sont modifiés ainsi qu'il suit :

ART. 5

Les notaires exercent leurs fonctions, savoir :
Ceux des villes où est établi un tribunal d'appel, dans l'étendue du ressort de ce tribunal ; ceux des villes où il n'y a qu'un tribunal de première instance, dans l'étendue du ressort de ce tribunal ; ceux des autres communes, dans le ressort du tribunal de paix.

Toutefois, les notaires des communes où il y a plusieurs justices de paix exercent leurs fonctions concurremment dans toute l'étendue de la commune.

Les notaires ayant actuellement le droit d'instrumenter dans plusieurs cantons, en vertu des lois antérieures spéciales, conserveront leur ressort actuel.

Dans tous cantons où il n'y a qu'un seul notaire, les notaires des cantons limitrophes, appartenant au même ressort de cour d'appel, auront le droit d'instrumenter dans ce canton, mais seulement en ce qui concerne les testaments, les donations entre époux et les donations à titre de partage anticipé. A titre de réciprocité, le notaire unique au canton aura le droit d'instrumenter pour les mêmes actes dans les dits cantons limitrophes.

ART. 9

Les actes notariés pourront être reçus par un seul notaire, sauf les exceptions ci-après:

1° Les testaments et les notifications d'actes respectueux resteront soumis aux règles spéciales du code civil.

2° Les actes contenant donation entre vifs ou donation entre époux autres que celles insérées dans un contrat de mariage, acceptation de donation, révocation de testament ou de donation, reconnaissance d'enfant naturel, et les procurations ou autorisations pour consentir ces divers actes seront, à peine de nullité, reçus par deux notaires ou par un notaire assisté de deux témoins.

La présence du second notaire ou des deux témoins n'est requise qu'au moment de la lecture de l'acte par le notaire et de la signature des parties ou de leur déclaration de ne savoir ou de ne pouvoir signer et la mention en sera faite dans l'acte à peine de nullité;

3° Les actes dans lesquels les parties ou l'une d'elles ne sauront ou ne pourront signer seront soumis à la signature d'un second notaire ou de deux témoins.

Dans le cas ci-dessus prévu, paragraphe 2, les témoins instrumentaires devront être Français et majeurs, savoir signer et avoir la jouissance de leurs droits civils. Ils pourront être de l'un ou de l'autre sexe, mais le mari et la femme ne pourront être témoins ensemble dans le même acte.

ART. 11.

Le nom, l'état et la demeure des parties devront être connus des notaires, ou leur être attestés dans l'acte par deux personnes majeures, connues d'eux, sachant signer, ayant les mêmes qualités que celles requises pour être témoins instrumentaires.

ART. 31.

Le nombre des notaires pour chaque département, leurs placement et résidence seront déterminés par le Gouvernement de manière: 1° que, dans les villes de 100.000 habitants et au dessus, il y ait un notaire au plus par 6.000 habitants; 2° que dans les autres communes, il y ait un notaire au moins par canton.

Toutefois, en cas de décès, ou d'empêchement justifié du titulaire, le président du tribunal pourra, à la requête du procureur de la République ou du titulaire empêché, désigner comme suppléant un notaire d'un des ressorts de Justice de paix limitrophes du même arrondissement.

ART. 32

Les suppressions d'office ne seront effectuées que par mort, démission ou destitution, où à la suite d'un accord intervenu entre les parties intéressées, et après avis de la Chambre de discipline et du Tribunal.

En cas de démission du titulaire avec présentation d'un successeur, le Gouvernement pourra toujours refuser la nomination, si la suppression du titre est jugée nécessaire, après avis de la Chambre et du Tribunal.

L'indemnité due après suppression d'un office, en cas de mort ou de démission, sera convenue entre les intéressés, sous le contrôle du Gouvernement ou fixée par le décret prononçant la suppression, après avis de la Chambre des notaires et du Tribunal.

Dans tous les cas, elle sera mise à la charge des notaires qui devront bénéficier de la suppression, quelle que soit leur résidence.

La répartition en sera faite par le Garde des Sceaux sur la proposition de la Chambre des notaires de l'arrondissement auquel appartient l'office supprimé.

ART. 35

Pour être admis aux fonctions de notaire, il faudra : 1° jouir de l'exercice des droits de citoyen ; 2° avoir satisfait aux lois sur le recrutement de l'armée ; 3° être âgé de vingt-cinq ans accomplis ; 4° justifier du temps de travail prescrit par les articles suivants ; 5° et avoir subi avec succès l'examen professionnel prescrit par les articles 42 et 43 ci-après.

ART. 36

Le temps de travail ou de stage sera, sauf les exceptions ci-après, de six années entières et non interrompues, dont deux au moins en qualité de premier clerc. Une de ces deux années devra être accomplie dans un office d'une classe au moins égale à celle de l'office dont le titulaire sera à remplacer.

Le temps de stage ne sera que de quatre années, dont une au moins en qualité de premier clerc, si le candidat justifie du diplôme de docteur ou de licencié en droit ou du certificat d'élève diplômé d'une école de notariat reconnue par l'État.

ART. 37

Les membres des tribunaux civils ou des cours ayant au moins deux ans de fonctions, les avoués et les avocats ayant au moins deux ans d'inscription au tableau, les receveurs et les agents supérieurs de l'administration de l'enregistrement, les greffiers en chef des cours et tribunaux civils, licenciés en droit, ayant exercé leurs fonctions pendant cinq ans au moins, pourront être admis aux fonctions de notaire en vertu d'une dispense expresse du Garde des Sceaux, en justifiant d'une année de stage dans une étude de notaire d'une classe égale à celle à laquelle aspire le candidat et après avoir subi avec succès l'examen prescrit par les articles 42 et 43 ci-après.

ART. 38

Le notaire en exercice n'aura besoin d'aucune nouvelle justification pour être admis à une place de notaire vacante, même dans une classe supérieure à celle à laquelle il appartient.

ART. 39

Nul ne sera admis à l'inscription du stage s'il ne justifie qu'il est âgé de dix-sept ans accomplis et s'il ne produit un certificat de bonnes vie et mœurs.

ART. 40

L'aspirant au notariat n'obtiendra un avancement de grade que sur la production d'un certificat délivré par le notaire chez lequel il travaillera.

Ce certificat renfermera des renseignements précis et détaillés sur les aptitudes la capacité et la moralité de l'aspirant.

Si la mutation de grade s'effectue dans un autre arrondissement que celui où l'aspirant était déjà inscrit, celui-ci devra joindre au certificat ci-dessus un certificat de capacité et de moralité délivré par la Chambre de discipline dans le ressort de laquelle il travaillait.

ART. 41.

Aucun aspirant au notariat ne pourra être admis à prendre l'inscription de premier clerc s'il n'a préalablement subi avec succès, devant la Chambre, dans le ressort de laquelle il travaille, un examen après lequel il sera déclaré apte à ces fonctions.

L'examen comprendra une épreuve écrite et une épreuve orale. La délibération motivée qui sera prise par la Chambre visera la capacité et la moralité du candidat.

ART. 42.

L'aspirant qui voudra être investi des fonctions de notaire produira, avec le diplôme d'aptitude, un avis de la Chambre de discipline du ressort dans lequel il se propose d'exercer, et un certificat de chaque Chambre dans le ressort de laquelle il aura travaillé, constatant la durée de son stage et sa moralité.

Aucun aspirant ne sera admis aux fonctions de notaire s'il ne justifie avoir subi avec succès un examen professionnel.

Cet examen comprendra deux épreuves : l'une écrite, dans laquelle l'aspirant rédigera au moins deux formules d'actes ; l'autre orale, qui portera sur l'ensemble des connaissances juridiques nécessaires à l'exercice du notariat.

Les épreuves orales seront subies publiquement. L'examen sera passé au chef-lieu du département dans lequel l'aspirant sera inscrit au stage, devant une Commission spéciale réunie sur la convocation du président de la Chambre des notaires du chef-lieu, composée de cinq membres au moins, et comprenant :

Le président ou le syndic de la Chambre des notaires du chef-lieu du département qui en aura la présidence, et un ou plusieurs notaires délégués par chacune des Chambres du département.

Et un agent supérieur de l'Enregistrement désigné par la direction.

ART. 43.

L'examen devra être passé avant tout traité de cession d'office ; mais le diplôme d'aptitude ne sera délivré par le Secrétariat de la Chambre dépositaire du rapport de la Commission d'examen qu'au moment de la confection par le parquet du dossier de présentation du candidat.

A Paris, la Chambre des notaires fera fonctions de Commission spéciale ; il lui sera adjoint un agent supérieur de l'Enregistrement désigné par le directeur.

Il en sera de même dans les départements où il n'existerait qu'une seule Chambre des notaires.

Tout candidat dont l'insuffisance aura été constatée dans l'une et l'autre des deux épreuves sera ajourné et ne pourra subir un nouvel examen avant le délai d'un an .

ART. 44.

Il est établi au profit des bourses communes des droits d'inscriptions et d'examen.

Ces droits sont fixés ainsi qu'il suit :

Pour chaque inscription sur le registre du stage, 5 francs.

Pour l'examen de premier clerc 20 francs.

Pour l'examen d'aptitude aux fonctions de notaire, 40 francs.

ARTICLE DEUXIÈME

Les articles 2, 3 et 4 de la loi du 21 juin 1843 sont abrogés.

ARTICLE TROISIÈME

L'aspirant ayant fait son stage en Algérie pourra y être nommé notaire en justifiant, outre d'un stage de six ans, du certificat de capacité et de moralité prescrit par l'article 6 de l'arrêté ministériel du 30 décembre 1842 et par l'arrêté ministériel du 16 avril 1858.

Mais, pour être admis aux fonctions de notaire en France, il devra subir l'examen exigé par les articles 42 et 43 ci-dessus et en outre justifier d'un stage de six années en France ou en Algérie, dont la dernière au moins en qualité de premier clerc dans une étude de France d'une classe au moins égale à celle de l'office du notaire qu'il doit remplacer.

ARTICLE TRANSITOIRE

Par mesure transitoire, les dispositions de la présente loi, relative au stage, n'entreront en vigueur que dans un délai de deux ans, à partir de la promulgation. Elles ne seront à aucun moment applicables aux aspirants qui, au jour de la promulgation de la loi nouvelle, auront accompli le temps de stage prescrit par la loi du 25 ventôse an XI.

Dans tous les cas, les aspirants ne sauraient être dispensés de subir l'examen prévu par l'article 42 ci-dessus.

CIRCULAIRE DU 16 AOUT 1902

adressée par le Ministre de la Justice aux Procureurs généraux, au sujet de l'application de la loi du 12 Août 1902 qui modifie celles des 25 Ventôse an XI et 21 juin 1843 relatives au Notariat.

Monsieur le Procureur général,

La loi du 12 août 1902 complète et modifie, dans quelques-unes de ses dispositions, la loi du 25 ventôse an XI sur le notariat et abroge, par suite, sur plusieurs points, les dernières circulaires de ma Chancellerie en matière de cessions et de suppressions d'offices. Il m'a paru qu'il y aurait intérêt à résumer et à préciser, par de nouvelles instructions, les règles et la procédure que vos substituts auront à suivre.

L'œuvre des magistrats du Parquet sera ainsi facilitée et l'action du Ministère public acquerra l'uniformité indispensable à la bonne administration de la justice.

ADMISSION AU STAGE.

La nouvelle loi n'apporte qu'un léger changement aux conditions fixées par l'ordonnance du 4 janvier 1843 pour l'admission des clercs à l'inscription du stage.

L'aspirant ne peut prendre cette inscription, comme par le passé, que s'il est âgé de 17 ans accomplis ; il doit donc justifier au secrétaire de la Chambre de notaires de son acte de naissance ; mais, aux termes de l'article 39, il aura à produire, en outre, un certificat du notaire chez lequel il travaille, indiquant le grade qu'il occupe dans l'étude, et un certificat de bonnes vie et mœurs, délivré par le maire de la commune qu'il habite.

Les articles 40 et 41 entourent de garanties nouvelles les mutations de grade dans la cléricature. Ces dispositions, dont le Parlement a reconnu l'utilité, ont toutes pour but de contribuer au relèvement de la capacité et de la moralité des candidats. Il importe donc d'en signaler l'importance aux Chambres de discipline, et vos substituts devront veiller à ce qu'elles soient rigoureusement exécutées.

Désormais, aucun clerc ne pourra obtenir ni faire mentionner sur les registres du stage un avancement de grade s'il ne produit un certificat du notaire chez lequel il travaille constatant son aptitude à ce grade et donnant des renseignements précis et détaillés sur sa capacité et sa moralité.

Si la mutation de grade s'effectue dans un autre arrondissement que celui où le clerc est déjà inscrit, il devra joindre au certificat de son patron un certificat de capacité et de moralité délivré par la Chambre de discipline dans le ressort de laquelle il travaillait.

Le grade de premier clerc devait notamment appeler l'attention du législateur, et son obtention devait être subordonnée à des conditions particulières. Déjà, beaucoup de compagnies avaient reconnu la nécessité de ne conférer ce grade aux clercs qu'après examen. Mais cet examen ne pouvait être imposé ; il sera désormais obligatoire. L'article 41 de la nouvelle loi décide, en effet, qu'aucun aspirant au notariat ne pourra être admis à prendre l'inscription de premier clerc s'il n'a préalablement subi avec succès, devant la Chambre dans le ressort de laquelle il travaille, un examen après lequel il sera déclaré apte à ces fonctions. L'examen comprendra une épreuve écrite, qui consistera sans doute dans la rédaction d'une ou deux formules d'actes, et une épreuve orale.

La Chambre consignera, dans une délibération spéciale, le résultat de l'examen et donnera son avis sur la capacité et la moralité du candidat.

Il ne sera point délivré copie de cette délibération à l'aspirant. C'est ce qui résulte des travaux préparatoires de la loi ; on a voulu ainsi éviter que les clercs puissent se prévaloir de leur aptitude constatée aux fonctions de premier clerc pour créer une agence d'affaires, souvent à côté et au détriment de l'étude à laquelle ils ont été attachés.

CESSIONS D'OFFICES.

Rien n'est changé aux principes qui régissent les mutations d'offices. Comme le rappelait un de mes prédécesseurs, dans la circulaire du 1er mars 1890, le Gouvernement exerce son droit de nomination, soit sur la présentation du titulaire ou de ses héritiers, soit d'office.

J'appellerai toutefois plus spécialement votre attention et celle de vos substituts sur certaines difficultés qui se reproduisent assez ordinairement et sur lesquelles ma Chancellerie est fréquemment consultée.

Une première règle, qu'il importe de bien fixer, c'est que, dans tous les cas, sauf celui de destitution ou de défaut par les intéressés de pourvoir à la vacance d'un office, il y a lieu à présentation et à traité.

Le notaire suspendu, quelle que soit la durée de la suspension, le titulaire même, qui a reçu une injonction de céder, et celui dont la démission a été acceptée doivent être admis à présenter un successeur.

Que la transmission de l'étude ait lieu sur la présentation du titulaire ou d'office, il y a toujours lieu d'exiger :

a. *L'acte de naissance*, la dispense d'âge ne pouvant être accordée à l'aspirant qui n'a pas 25 ans révolus.

(Les nom, prénoms du candidat doivent être orthographiés, dans toutes les pièces.

du dossier, comme ils le sont dans l'acte de naissance, et toute erreur rectifiée par un acte de notoriété).

b. *Le certificat de libération du service militaire actif* ;

(Les anciens notaires n'ont pas à fournir ces deux premières pièces).

c. *Le certificat de bonnes vie et mœurs* ;

d. *Le certificat de jouissance des droits civils, civiques et politiques* ;

e. *Le casier judiciaire* ;

f. *Les certificats de stage.*

STAGE.

La nouvelle loi modifie profondément et simplifie les règles relatives au stage.

Sauf les exceptions prévues par le deuxième paragraphe de l'article 36, le temps de travail est, désormais, uniformément fixé à six années, non interrompues. dont deux années de première cléricature. La loi de ventôse n'exigeait des candidats qu'une seule année de première cléricature. Le législateur a pensé que le temps durant lequel l'aspirant remplit les fonctions importantes de premier clerc, alors surtout que ce grade ne pourra être obtenu à l'avenir qu'après un examen sérieux, est la meilleure préparation à l'exercice du notariat ; il a donc augmenté cette période du stage ; toutefois, une de ces années seulement devra être accomplie dans un office de classe égale à celle de l'office du titulaire que le candidat voudra remplacer.

Le temps de stage n'est abrégé que pour les aspirants qui justifieront du diplôme de docteur ou de licencié en droit, ou encore du certificat d'élève diplômé d'une école de notariat reconnue par l'État.

Pour cette catégorie de candidats, le stage est réduit à quatre années, dont une au moins en qualité de premier clerc.

L'exception relative aux élèves sortant d'une école de notariat ne saurait encore encore recevoir d'application ; aucune des écoles qui fonctionnent actuellement n'a, en effet, reçu des pouvoirs publics l'investiture légale qui permettrait d'en rendre les Cours obligatoires, en vue de la dispense de stage prévue par l'article 36.

Vous remarquerez que la loi n'exige pas que les années de première cléricature soient les dernières du stage ; lorsqu'un aspirant ne trouve pas à traiter d'un office aussitôt après ses six ans de travail, il peut être obligé de prolonger son stage ; il serait trop rigoureux de lui imposer l'obligation de conserver indéfiniment l'inscription de premier clerc.

En exigeant que les années de stage ne soient pas interrompues, le législateur de 1902, comme celui de 1803, n'a voulu obtenir qu'un résultat : l'application continue et la persistance dans les études notariales. Il n'a point eu l'intention de refuser le bénéfice du stage aux aspirants dont le travail a été suspendu pour cause de maladie, de service militaire, d'études dans les écoles de droit, ou par l'exercice de fonctions publiques présentant quelque analogie avec le notariat, par exemple celles d'avoué, d'huissier, de surnuméraire de l'enregistrement, etc... Mais il y aurait interruption de stage si le candidat s'était, entre temps, livré à des occupations étrangères au notariat, à un commerce, à une industrie ou même s'il était resté longtemps inoccupé.

DISPENSES DE STAGE.

L'article 42 de la loi de ventôse permettait au Gouvernement d'accorder des dispenses de stage à toute personne ayant rempli des fonctions administratives ou judiciaires, et son texte, dont l'application ne devait être que provisoire, avait été depuis près d'un siècle interprété quelquefois d'une façon si large, qu'il avait permis de donner accès dans la corporation à des candidats dont les connaissances théoriques et pratiques étaient absolument insuffisantes.

Les dispositions nouvelles de l'article 37, qui remplace l'article 42, limitent désormais les dispenses qui peuvent être accordées et indiquent expressément les fonctionnaires et agents administratifs qui pourront en bénéficier. Ma Chancellerie n'admettra aucune exception à ces dispositions qui devront être rigoureusement interprétées conformément au texte très précis de la loi. ·

En outre, l'article 37 dispose que tous les candidats dispensés devront, sans exception, justifier d'une année de stage dans une étude de classe égale à celle dont ils demanderont à devenir titulaires et qu'ils devront subir l'examen professionnel prescrit par les articles 42 et 43.

g. *Diplôme d'aptitude.*

h. *Certificat de moralité.*

Sous le règne de la loi de ventôse, tout candidat aux fonctions de notaire devait demander à la Chambre de discipline du ressort dans lequel il voulait exercer, un certificat de capacité et de moralité.

Aux termes de la nouvelle loi (art. 42), l'aspirant qui voudra être investi des fonctions de notaire, devra produire :

1° Un diplôme d'aptitude ;

2° Un avis de la Chambre de discipline du ressort dans lequel il se propose d'exercer ;

3° Un certificat de chacune des Chambres dans le ressort desquelles, il aura travaillé constatant la durée de son stage et sa moralité.

Le diplôme d'aptitude est délivré par le secrétariat de la Chambre, lorsque le candidat a subi avec succès l'examen auquel le soumet, en tous cas, l'article 42.

Cet examen doit être passé, *avant tout traité de cession d'office*, devant une commission spéciale siégeant au chef-lieu du département dans lequel l'aspirant est inscrit au stage.

Cette Commission se compose de cinq membres au moins : .

1° Le président ou le syndic de la Chambre des notaires du chef-lieu du département, qui en aura la présidence ;

2° Un ou plusieurs notaires délégués par chacune des Chambres du département ;

3ᵇ Un agent supérieur de l'enregistrement, délégué par le directeur.

L'examen comprend deux épreuves : l'une écrite dans laquelle l'aspirant rédigera au moins deux formules d'actes ; l'autre, orale, qui portera sur l'ensemble des connaissances juridiques (droit civil et fiscal, procédure, droit commercial, organisation et pratique notariales), qui sont nécessaires à l'exercice de la profession.

Les épreuves orales sont subies publiquement et, par suite, devront être annoncées au moins huit jours d'avance par une affiche à la porte extérieure du local de la Chambre et par une insertion dans un des journaux chargés des annonces légales.

La commission d'examen peut être réunie à toute époque de l'année, s'il y a urgence, sur la convocation de son président ; mais il semble qu'il conviendrait, sans préjudice des sessions extraordinaires, d'instituer des sessions ordinaires et trimestrielles qui pourraient avoir lieu, chaque année, dans la première quinzaine des mois de janvier, avril, juillet et octobre.

Vous aurez à vous concerter, à ce sujet, avec MM. les Présidents des compagnies des chefs-lieux des divers départements de votre ressort, ainsi qu'avec MM. les Directeurs de l'enregistrement ; et, pour qu'il n'y ait pas d'interruption trop longue dans les présentations et nominations de candidats, vous voudrez bien, dès la réception de cette circulaire, et en vue de la tenue, aussi prochaine que possible, de la première session, inviter toutes les Chambres de votre ressort à nommer dans le plus bref délai les délégués qui devront composer la Commission d'examen La délibération contenant cette désignation devra vous être transmise sans retard et vous aurez soin de la faire parvenir, par l'intermédiaire du Parquet, au président de la compagnie du chef-lieu de chaque département pour qu'il convoque aussitôt tous les membres désignés pour faire partie de la Commission. Cette première session pourrait avoir lieu dans la première quinzaine du mois de septembre et remplacer, pour cette année, la session ordinaire d'octobre.

Dans le département de la Seine et dans le territoire de Belfort où la Chambre des notaires fera fonctions de Commission spéciale, le mode de procéder sera simplifié, et il vous suffira de vous mettre en rapport avec M. le Directeur de l'enregistrement et avec M. le Président de la Chambre de discipline chargé de convoquer la Commission.

Le président de la Commission, après chaque examen en fera connaître le résultat aux candidats, mais le diplôme d'aptitude, aux termes de l'article 43, ne pourra leur être délivré qu'au moment de la confection par le Parquet de leur dossier de présentation.

L'article 42 dispose que la Commission d'examen sera composée de cinq membres au moins savoir : le président de la Chambre du chef-lieu du département, et un ou plusieurs délégués choisis par chacune des Chambres des autres arrondissements. Mais il y a un certain nombre de départements (Hautes-Alpes, Alpes-Maritimes, Ardèche, Ariège, Bouches-du-Rhône, Cher, etc.) qui ne possèdent que trois arrondissements ; le département du Rhône n'en a même que deux, Lyon et Villefranche. Dans ces divers départements, si un seul délégué était nommé par chaque Chambre, la Commission ne se trouverait composée que de quatre membres et même seulement de trois membres, dans le Rhône ; il conviendra donc que chaque Chambre d'arrondissement délègue deux membres ; la Chambre du chef-lieu du département n'en désignera qu'un seul, son président faisant de droit partie de la Commission qu'il préside.

Il me paraît utile de rappeler que tous les candidats, même les anciens notaires, doivent fournir le diplôme d'aptitude et le certificat de moralité prescrit par l'article 42. Seuls, les notaires en exercice, qui demanderont à être investis d'un autre office, même dans une classe supérieure, n'auront besoin de fournir (art. 38) aucune nouvelle justification.

L'examen professionnel devra être subi aussitôt après la promulgation de la loi, aussi bien par les candidats qui pourraient justifier d'un traité de cession antérieur à cette promulgation que par ceux qui ne seraient liés par aucun engagement de ce genre.

Les aspirants qui auront fait leur stage en Algérie et qui voudront être notaires en France y seront soumis, comme les clercs qui auront accompli leur temps de travail en France.

En tout cas, j'estime que la commission d'examen ne pourra admettre à subir les épreuves écrites et orales que les aspirants dont le stage sera complet et qui, par suite, seront en état d'acquérir un office et de solliciter leur nomination.

Sous la nouvelle loi, comme sous le règne de la loi de ventôse, la Chambre de discipline n'a, en aucun cas, le droit de se prononcer sur la régularité des justifications produites par les candidats ; son rôle doit se borner à émettre un avis, et il appartient au gouvernement seul d'apprécier, après examen du dossier, si l'aspirant réunit les conditions voulues pour obtenir sa nomination.

i. *Traité de cession.*

j. *État des produits.*

Je n'ai rien à modifier, sur ces deux points, aux instructions qui vous ont été adressées par l'un de mes prédécesseurs, dans la circulaire du 1er mars 1890. Toutefois, en ce qui concerne les états des produits, vous aurez à faire remarquer à vos substituts que, depuis les décrets du 25 août 1898 sur le tarif des honoraires des notaires, ces états peuvent comprendre certains produits qui en avaient été antérieurement exclus, tels que les honoraires des affiches et insertions, des renouvellements d'inscription, des déclarations de successions, et ceux dus à l'occasion de l'exécution de donations entre époux ou de testaments.

C'est là, en effet, une source de produits réguliers et légitimes qui doivent entrer en compte, puisqu'ils sont tarifés par le législateur.

SUPPRESSIONS D'OFFICES.

Je dois appeler tout particulièrement votre attention et celle de vos substituts sur les articles 31 et 32 de la nouvelle loi, qui sont relatifs aux suppressions des offices des notaires.

Ces deux articles apportent, en effet, des modifications importantes à l'ancienne législation. Ils décident, d'abord, qu'il pourra n'y avoir désormais qu'un seul notaire par canton, si ce notaire peut suffire aux besoins des populations ; en second lieu, ils autorisent le Gouvernement, lorsqu'un office est supprimé, à répartir l'indemnité entre tous les officiers publics bénéficiant de la suppression, *quelle que soit leur résidence.*.

Enfin, ils réglementent la procédure de suppression, qui n'était, jusqu'à ce jour, fixée que par la jurisprudence de la Chancellerie et du Conseil d'État.

Il m'a paru utile de mettre ces divers points en lumière et d'examiner les conséquences qui en découlent.

Comme par le passé, ma Chancellerie est, en principe, favorable à toute mesure de suppression, lorsqu'elle sera justifiée soit par l'insuffisance des produits de la charge, soit par le nombre excessif des offices du canton, nombre qui, trop souvent, n'est plus en rapport ni avec l'importance des affaires, ni avec le chiffre de la population. Il est inutile et même nuisible, comme le remarquait, en 1890, mon prédécesseur, de conserver des offices dont la nécessité n'est pas reconnue et dont les produits ne suffisent pas à faire vivre leurs titulaires.

Cette mesure, sous la loi de ventôse, ne pouvait être prise que dans les deux cas suivants :

1° Lorsqu'il y avait plus de deux notaires dans le canton où se trouvait l'office à supprimer ;

2° Quand l'office était devenu vacant par suite de destitution, de décès ou de démission pure et simple.

La première condition n'existe plus. L'article 31 nouveau dispose qu'en dehors des villes de 100,000 habitants et au-dessus, il peut n'y avoir qu'un notaire par canton.

Il ne faut point interpréter le texte nouveau en ce sens que le nombre des notaires, dans les cantons ruraux doit, autant que possible, être ramené au chiffre minimum d'un office public par canton ; cette appréciation serait absolument inexacte, car il existe beaucoup de cantons, dans la région du Nord de la France, par exemple, où trois ou même quatre notaires, non seulement vivent aisément, mais sont nécessaires à l'expédition des affaires. Le législateur a voulu simplement donner au Gouvernement le droit de supprimer le deuxième office imposé par la loi de ventôse, dans tous les cantons où ce titre serait reconnu inutile. Cette disposition permettra tout d'abord de mettre ordre, dans de nombreux cantons, à des situations tout à fait irrégulières. Un seul notaire existe actuellement dans plus de cent cantons : aucun candidat ne s'est présenté pour le second office, dont le titulaire a donné sa démission et est parti, ne pouvant plus en tirer des moyens d'existence honorables. Il en est résulté que le notaire resté en fonctions bénéficie gratuitement des affaires de l'autre charge, les héritiers du notaire décédé ou le titulaire démissionnaire n'ayant pas le droit de lui réclamer une indemnité qui ne peut être accordée qu'en cas de suppression.

Vous aurez à régulariser ces situations. Vos substituts devront instruire dans le plus bref délai possible la suppression de toutes ces charges, qui ne saurait d'ailleurs soulever aucune difficulté, quelques-unes étant vacantes depuis près de trente ans.

La nouvelle loi a maintenu la règle posée par la loi de ventôse qui veut que les suppressions d'offices ne puissent être effectuées que dans trois cas : après la mort, la destitution ou la démission du titulaire.

Mais elle a résolu dans le sens de la possibilité de la suppression une difficulté qui se présentait assez souvent dans la pratique au sujet de l'interprétation du mot *démission*.

Le Gouvernement ne pouvait-il instruire et décréter la suppression d'un office que si le titulaire donnait sa démission pure et simple, ou bien conservait-il ce droit alors même que la démission intervenait en faveur d'un candidat présenté par le titulaire ? La jurisprudence administrative était indécise sur ce point. L'article 32, paragraphe 2, met fin à la controverse. « En cas de démission du titulaire avec présentation d'un successeur, dit le nouveau texte, le Gouvernement pourra toujours refuser la nomination, si la suppression du titre est jugée nécessaire. »

Cette nécessité ressortira naturellement de l'enquête qui est toujours faite en pareil cas et qu'il y a lieu de rappeler ici brièvement.

Ni la loi de ventôse, ni l'article 91 de la loi de 1816 ne s'expliquaient sur la procédure à suivre par l'Administration pour arriver à une suppression.

L'article 32, sans entrer dans le détail du mode de procéder suivi par les Parquets, en exécution de la circulaire du 1er mars 1890, à laquelle il y a toujours lieu de se référer, fixe les règles principales qui servaient de base à la jurisprudence de ma Chancellerie. Ainsi, que la suppression ait lieu après décès, démission ou destitution, ou bien qu'elle soit sollicitée à la suite d'un accord intervenu entre les notaires intéressés à la suppression, il sera toujours nécessaire de prendre l'avis de la Chambre de discipline et du Tribunal sur l'utilité de la mesure projetée.

J'estime aussi que, conformément à la pratique toujours suivie, il conviendra de consulter chaque fois, sur l'utilité de la réduction, les municipalités du canton et le juge de paix. Ces divers avis me seront, selon l'usage, transmis avec le plan du canton, les états des produits et tous autres documents de nature à éclairer ma Chancellerie sur la décision à prendre.

La Chambre de discipline et le Tribunal dans le ressort desquels se trouve l'étude à supprimer devront également être consultés sur le chiffre de l'indemnité qui devra être payée par les notaires restant en exercice. Que l'indemnité ait été convenue entre les parties intéressées, au cas de suppression après décès ou démission, ou qu'elle ait été proposée, après destitution, par les délibérations de la chambre et du tribunal, le chiffre en est toujours apprécié et définitivement fixé par le décret prononçant la suppression.

La répartition entre les notaires restant en fonctions en est faite par ma Chancellerie, sur la proposition de la Chambre de discipline et d'après les renseignements fournis par les magistrats.

Dans tous les cas, l'indemnité à payer devra être désormais répartie entre tous les notaires qui pourront avoir à bénéficier de la suppression, *quelle que soit leur résidence*.

Vous remarquerez l'importance de l'innovation contenue dans le quatrième alinéa de l'article 32.

Longtemps, ma Chancellerie avait cru ne pouvoir répartir l'indemnité qu'entre les notaires restant en exercice et pouvant instrumenter dans le canton où se trouvait l'office à supprimer.

Cette jurisprudence occasionnait de réelles injustices; car, très souvent, les notaires du canton chargés de l'indemnité ne retiraient aucun avantage de la réduction, alors que les notaires des cantons voisins, appelés à recueillir le plus grand bénéfice de la suppression, échappaient à toute obligation de payement. Il n'en sera plus ainsi désormais ; quelle que soit la résidence des notaires, qu'ils appartiennent à un canton ou à un arrondissement autre que celui dans lequel se trouve l'office supprimé, qu'ils soient même du ressort d'une autre Cour d'appel, s'il est constant qu'ils bénéficieront de la suppression, ils devront supporter une part de l'indemnité en rapport avec le profit qu'ils pourront réaliser.

En vue d'établir aussi équitablement que possible cette répartition entre les intéressés, vos substituts ne devront négliger aucun des moyens d'information qui seraient susceptibles d'éclairer votre religion et celle de ma Chancellerie.

CANTONS OU IL N'Y A QU'UN NOTAIRE.

Par application des dispositions de la loi nouvelle, il y aura désormais un assez grand nombre de cantons où un seul notaire se trouvera exercer ses fonctions. De là, certains inconvénients qui ont été signalés et auxquels le législateur devait s'efforcer de remédier. C'est l'objet du cinquième alinéa de l'article 5 et du second alinéa de l'article 31.

Le second alinéa de l'article 31 dispose qu'en cas de décès ou d'empêchement justifié du notaire unique au canton, le Président du tribunal pourra désigner comme suppléant un notaire d'un des ressorts de Justice de paix limitrophes du même arrondissement.

Cette désignation aura lieu à la demande du titulaire empêché, et si ce dernier ne fait aucune diligence à ce sujet, la requête pourra être présentée d'office par le procureur de la République de l'arrondissement.

En outre, aux termes du cinquième alinéa de l'article 5 nouveau, dans tout canton où il n'y a qu'un seul notaire, les notaires des cantons limitrophes, appartenant au même ressort de Cour d'appel, auront le droit d'instrumenter dans ce canton, mais seulement pour y dresser les testaments, les donations entre époux, et les donations à titre de partage anticipé, c'est-à-dire les actes qui présentent un caractère d'urgence.

A titre de réciprocité, faculté est accordée au notaire unique au canton d'instrumenter dans les limitrophes, mais seulement pour les actes ci-dessus énumérés.

Les Chambres de discipline et les magistrats du Parquet devront veiller à ce que ce droit d'instrumenter soit rigoureusement exercé dans les limites fixées par la loi et ne dégénère pas en une concurrence déloyale de la part des notaires des cantons limitrophes.

Deux autres dispositions nouvelles ont été ajoutées à l'article 5 ;

Dans le quatrième paragraphe, le législateur consacre le droit qui a été conféré à quelques notaires d'instrumenter dans plusieurs cantons lorsque les cantons qui n'en formaient qu'un antérieurement ont été dédoublés en vertu de lois spéciales.

Ainsi en est-il dans les cantons créés à Roubaix par la loi du 24 juillet 1867,

A Badonvillers, par la loi du 8 avril 1879.

A Decazeville, par la loi du 12 avril 1881,

Au Raincy, par la loi du 17 avril 1882,

A Monestiès, par la loi du 5 juillet 1889,

A Calais, par la loi du 19 mars 1887,

A Vichy, par la loi du 10 mai 1892, etc.

Le paragraphe 3 de l'article 5 prévoit une autre hypothèse et a pour but de mettre fin à des difficultés de compétence qui se sont produites dans certaines villes.

Il existe, dans plusieurs ressorts de Cours, un certain nombre de villes.

Arles (ressort d'Aix);

Bailleul, Tourcoing, Saint-Amand, Roubaix, le Quesnoy (ressort de Douai);

Tartas et Oloron-Sainte-Marie (ressort de Pau);

Dourdan (ressort de Paris);

Saint-Maixent. (ressort de Poitiers) ;

Crest (ressort de Grenoble),

qui, à l'époque où le notariat a été organisé, ne constituaient qu'un canton, dans l'étendue duquel les notaires institués avaient compétence.

En raison de l'importance et du développement de ces villes, on a jugé nécessaire d'y créer deux cantons, et, par l'effet de cette subdivision, la situation des notaires nommés dans ces résidences y est devenue, au point de vue de la compétence et du ressort, tout à fait anormale.

Pendant que, dans plusieurs de ces villes, les notaires résident et instrumentent exclusivement dans le canton où ils ont leur résidence, dans d'autres, les notaires, instrumentent, au contraire, indistinctement dans les deux cantons, bien qu'aucune loi ne leur en ait attribué le droit ; dans quelques autres la ville a été divisée en deux sections, attribuées l'une au canton Nord, l'autre au canton Sud, mais sans délimitation précise de ces deux sections, et les notaires n'ont, par suite, aucune indication pour fixer leur compétence.

L'article 5 a pour but de régulariser ces situations diverses et de mettre fin à toutes les difficultés qui s'élevaient fréquemment dans ces diverses localités. Les notaires des communes divisées en plusieurs cantons auront désormais le droit d'exercer concurremment leurs fonctions dans toute l'étendue de la commune quelle que soit la résidence qui leur ait été assignée dans cette commune.

Toutes les dispositions de la nouvelle loi relative soit à l'organisation notariale, soit aux suppressions d'offices, celles contenues dans les articles 39, 40 et 44 de la loi, ainsi que celles relatives aux conditions dans lesquelles devront être passés à l'avenir les examens des premiers clercs et des candidats notaires, entreront en vigueur dès le jour de la promulgation de la loi. Ces dernières seront également obligatoires, même pour les candidats qui auraient traité d'un office avant la promulgation.

Seules, les prescriptions concernant la durée du stage ne pourront être imposées qu'à l'expiration d'un délai de deux ans à partir de la promulgation de la loi, c'est-à-dire à partir du 14 août 1904, de manière à permettre aux aspirants qui auraient commencé leur cléricature antérieurement à la loi, de ne pas perdre antièrement le bénéfice du travail effectué sous l'ancienne législation. Cette mesure intéresse surtout les aspirants à un office de 3e classe, au profit desquels l'article 41 de la loi de ventôse créait une situation exceptionnelle.

En tous cas, les règles établies par la nouvelle loi ne seront à aucun moment applicables aux aspirants qui, au jour de la promulgation de cette loi, auront accompli le temps de stage prescrit par la loi du 25 ventôse an XI.

Il était, en effet, de toute justice de respecter les droits acquis par tous ceux qui se trouveraient en mesure d'en justifier. Mais si le stage n'est pas entièrement achevé aucune dispense ne pourrait être accordée, et l'aspirant se trouverait soumis aux dispositions de la loi nouvelle.

En outre des innovations que je viens de signaler, une modification des plus importantes a été apportée par la nouvelle loi aux règles établies par la loi de ventôse pour la réception des actes notariés. Je veux parler de la suppression de l'assistance du notaire en second et des témoins instrumentaires dans les actes notariés. Cette réforme a conduit le législateur à modifier le texte des articles 9 et 11 de la loi de ventôse pour les fondre avec les articles 2 et 3 de la loi du 26 juin 1843, relative à la présence réelle dans les actes solennels, et la loi du 7 décembre 1897, qui accorde aux femmes le droit d'être témoins dans les actes notariés.

Ces dispositions, qu'il me suffit de signaler, n'appellent aucune observation de ma part ; toutes les difficultés d'interprétation qui pourraient s'élever dans leur application sont du ressort exclusif des tribunaux civils.

Pour faciliter le travail des Parquets et éviter toute lacune dans la composition des dossiers de présentation, j'ai cru utile de donner, en annexe à la présente circulaire : 1° la liste des pièces que les candidats auront à fournir sous le régime de la nouvelle loi, dans l'hypothèse la plus fréquente qui est celle de la cession amiable par le titulaire en fonctions ; les modifications à apporter à la composition du dossier en cas de décès, d'interdiction ou de destitution du cédant étant déjà connues de vos substituts qui n'auront qu'à se conformer aux instructions des précédentes circulaires de ma Chancellerie.

2° La liste des pièces qui devront composer les dossiers de suppression d'office.

Je vous prie de communiquer sans retard les présentes instructions à vos substituts, ainsi qu'aux Présidents de Chambre de notaires de votre ressort, pour lesquels je vous adresse des exemplaires en nombre suffisant.

ANNEXE.

I.

CESSIONS D'OFFICES. — PIÈCES A FOURNIR.

1° Acte de naissance ;

2° Casier judiciaire (bulletin n° 2) ;

3° Certificat de libération du service militaire ;

4° Certificat de bonnes vie et mœurs ;

5° Certificat de jouissance des droits civils, civiques et politiques ;

6° Certificats d'inscription au stage, délivrés par chacune des Chambres de notaires dans le ressort de laquelle l'aspirant aura travaillé et contenant des renseignements sur sa moralité ;

7° Diplôme d'aptitude ;

8° Avis de la Chambre dans le ressort de laquelle l'aspirant doit exercer ses fonctions ;

9° Traité de cession ;

10° Affirmation de sincérité ;

11° Etat des produits ;

12° Etat des recouvrements ;

13° Démission du titulaire et présentation du candidat ;

14° Requête du candidat ;

15° Rapport des magistrats.

Dans le cas où une dispense de stage est accordée, en vertu de l'article 37 de la loi, il y aura lieu de produire en outre des pièces ci-dessus :

— Si le candidat est magistrat, une expédition de sa prestation de serment ;

— S'il est avocat, un certificat du conseil de l'ordre ;

— S'il est avoué ou greffier, une expédition de sa prestation de serment ;

— S'il est agent de l'Administration de l'enregistrement, un certificat constatant la durée de ses services et l'acceptation de sa démission.

En outre, les greffiers doivent justifier du diplôme de licencié en droit.

Si le candidat sollicite sa nomination en vertu de l'article 36, qui réduit le stage à quatre années, il y a lieu de produire le diplôme de docteur ou de licencié en droit.

II.

Suppressions d'office. — Pièces a fournir.

1° Acte de décès, ou démission, ou jugement de destitution du titulaire ;

2° Délibération de la Chambre des notaires ;

3° Délibération du Tribunal civil ;

4° Avis du juge de paix ;

5° Délibération des municipalités du canton ;

6° Plan du canton ;

7° Etat des produits de l'office à supprimer et états sommaires des produits des autres offices du canton ;

8° Traité de cession, si le titulaire a cédé à ses confrères, en vue de la suppression ; sinon, engagement de payer l'indemnité par les officiers publics chargés de la verser, ou lettre de refus d'y contribuer ;

9° Rapports des magistrats.

Le Mans. — Imprimerie de l'Institut de Bibliographie de Paris. — ix-1902.

www.ingramcontent.com/pod-product-compliance
Lightning Source LLC
Chambersburg PA
CBHW060712280326
41933CB00012B/2407